El gorila

El gorila

Melissa Gish

Vida salvaje

CREATIVE EDUCATION
CREATIVE PAPERBACKS

Publicado por Creative Education y Creative Paperbacks
P.O. Box 227, Mankato, Minnesota 56002
Creative Education y Creative Paperbacks son marcas
editoriales de Creative Company
www.thecreativecompany.us

Diseño de Tom Morgan (www.bluedes.com)
Dirección de arte de Rita Marshall
Producción de Ciara Beitlich
Editado de Jill Kalz
Traducción de TRAVOD, www.travod.com

Fotografías de Alamy (Black Star, Collection Christophel, Design Pics Inc, Orokiet,
Photos 12), Berlin, Collection Archive for Art and History (Heinrich Leutemann),
Corbis (Yann Arthus-Bertrand, Bettman), Dreamstime (Andreykuzmin, Martina Berg,
Evgeny Turaev, Poresh Petr, Tsuli, Uzuri), Getty (Russell McBride, Francis Miller/Time
& Life Pictures), iStock (Diponkar Banerjee, Rob Friedman, Yves Grau, Guenter Guni,
Alan Lagadu, Mamopictures M.G. Mooij, Sharon Morris, Michael K. Nichols, Ricky
Russ), Public Domain (Schinz de Visser)

Library of Congress Cataloging-in-Publication Data
Names: Gish, Melissa, author.
Title: El gorila / Melissa Gish.
Other titles: Gorillas. Spanish
Description: Mankato, Minnesota : Creative Education and Creative Paperbacks,
    [2024] | Series: Vida salvaje | Includes index. | Audience: Ages 10–14 | Audience:
    Grades 7–9 | Summary: "Brimming with photos and scientific facts, Gorillas treats
    middle-grade researchers and wild animal lovers to a comprehensive zoological
    profile of this marvelous mammal from the Primates order. Translated into North
    American Spanish, it includes sidebars, a range map, a glossary, and a great ape
    tale from Africa"— Provided by publisher.
Identifiers: LCCN 2022051747 (print) | LCCN 2022051748 (ebook) | ISBN
    9781640267428 (library binding) | ISBN 9781682773017 (paperback) | ISBN
    9781640009080 (ebook)
Subjects: LCSH: Gorilla—Juvenile literature.
Classification: LCC SF408.6.A64 G5718 2024 (print) | LCC SF408.6.A64 (ebook) | DDC
    599.884—dc23/eng/20221118

Impreso en China

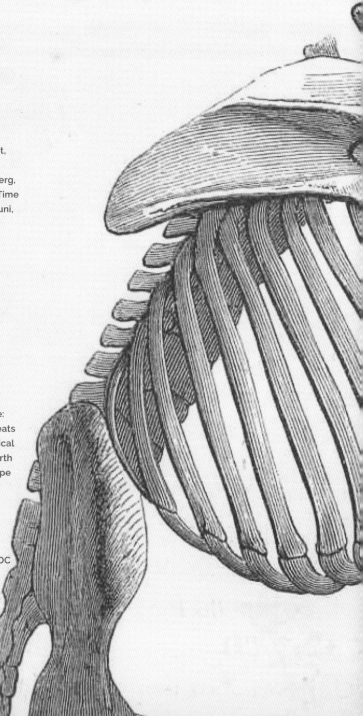

CONTENIDO

En la frontera occidental de la nación africana de Ruanda, una espesa selva tropical cubre el Monte Visoke, un volcán inactivo en las Montañas Virunga. El piso de la selva está fresco y húmedo. En la sombra, dos gorilas jóvenes luchan entre sí y sus anchos rostros, con la boca bien abierta, expresan alegría. Bajan dando volteretas por una pendiente acolchonada con pasto y hojas suaves. Un gorila más pequeño, de casi tres meses de edad, se sienta junto a su madre, mordisqueando silenciosamente las hojas tiernas por primera vez en su vida. Una oruga vellosa de color amarillo avanza por una rama cercana y el joven gorila la frota con precaución con un nudillo. Para los gorilas, la vida en la selva tropical es tranquila y pacífica. Los sonidos de los llamados de las aves y los zumbidos de los insectos son constantes —una parte de la vida que pasa desapercibida. Una brisa hace susurrar las hojas de las copas de los árboles mientras los jóvenes gorilas se cansan de jugar y se unen a sus madres para tomar una siesta vespertina.

Solo a los gorilas machos les crece pelo plateado en los hombros y en la espalda a medida que envejecen; a las hembras no.

El soberano de la selva tropical

Alrededor del año 500 a. C., Hannón el Navegante viajó desde la ciudad de Cartago, en el norte de África, a través del Mar Mediterráneo y alrededor de la costa occidental de África. A las grandes criaturas peludas que encontró allí las llamó *gorillai*, una palabra griega que significa «personas salvajes y peludas».

El gorila es un simio y pertenece al grupo de mamíferos llamados **primates**. Como simio, los parientes más cercanos del gorila son los chimpancés y los orangutanes. A los simios a veces se los confunde con los monos, pero los dos animales son muy diferentes entre sí. Mientras que los simios carecen de cola y tienen nariz plana, los monos tienen cola y hocico. Además, los simios tienen un cerebro mucho más grande y son más inteligentes que los monos. El gorila está cubierto de pelo negro, excepto en la cara y en las palmas de las manos y los pies. Los machos miden, en promedio, entre 5 y 6 pies (1,5–1,8 metros) de alto y pesan hasta 500 libras (227 kilogramos). Al extender los brazos, los machos adultos pueden tener una envergadura de aproximadamente 8 pies (2,4 m). Las hembras suelen ser más pequeñas que los machos. Miden, en promedio, poco menos de 5 pies (1,5 m) de alto y pesan entre 155 y 200 libras (70–91 kg). Cuando los machos llegan a los 12 años de edad, la espalda y los hombros se cubren de pelo blanco y desarrollan caninos filosos. A estos gorilas se los conoce como lomo plateado. Los machos maduros de 8 a 11 años de edad cuyo pelo aún no se tornó blanco se llaman lomo negro.

Los gorilas machos tienen una quijada especialmente poderosa, evidenciada por la cresta ósea que sobresale en la parte superior de su cráneo. Este hueso se llama cresta sagital y sirve como punto de conexión para uno de los principales músculos masticadores. El gorila tiene un cuerpo voluminoso y extremidades poderosas. Pueden pararse derechos, pero caminan sobre sus patas traseras y los nudillos de sus manos. Los chimpancés y los gorilas son los únicos primates que se desplazan apoyando los nudillos de esta manera. Los brazos del gorila son más largos que sus piernas, y los músculos de los brazos son más fuertes que los de las piernas debido a que los brazos deben soportar el enorme peso de su **torso** y su cabeza.

El gorila es pariente de los humanos, que comparten casi el 98 por ciento de su **ADN** con los simios. Al igual que los humanos y otros simios, el gorila tiene cuatro dedos y un pulgar en cada mano y cinco dedos en cada pata. Sus dedos y pulgares le dan un agarre fuerte y la capacidad de sostener y manipular objetos con **destreza**. En lugar de garras, tiene uñas en los dedos de las manos y de los pies que muerde para mantenerlas cortas. Debido a que los gorilas machos adultos

Aunque el cerebro humano es más grande, el cerebro del gorila tiene una gran capacidad para la memoria, las emociones, la creatividad y el lenguaje.

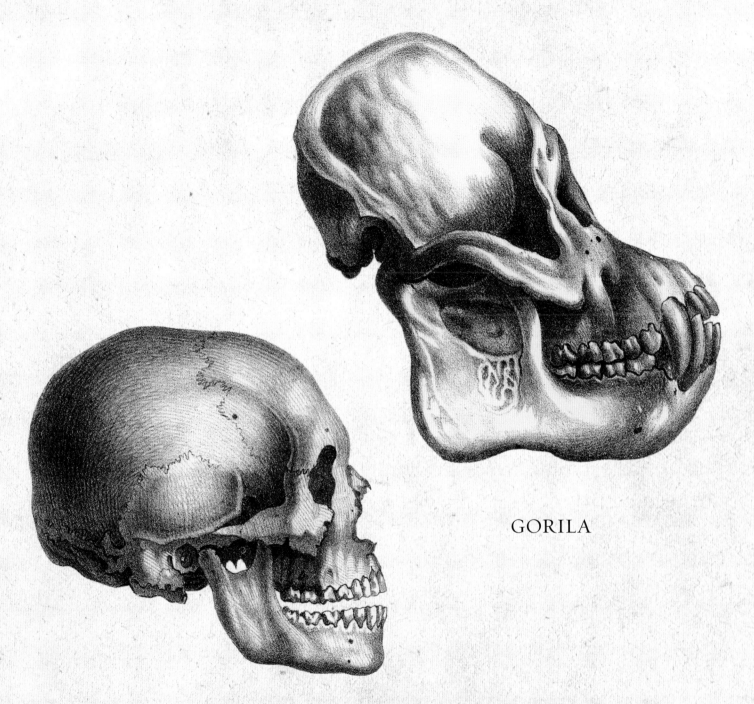

GORILA

HUMANO

En qué parte del mundo vive

Las cuatro subespecies de gorilas reconocidas en la actualidad se derivan de dos especies, los gorilas occidentales y los orientales, y todos son nativos de África Occidental y Central. Los números del mapa representan algunos territorios comunes de los gorilas que siguen viviendo en la naturaleza.

1. Gorila del río Cross:
África Occidental-Central
entre Nigeria y Camerún

**2. Gorila occidental de
llanura:** África Occidental-
Central, al oeste del río Congo

**3. Gorila oriental de
llanura:** África Central, al
este del río Congo

4. Gorila de montaña:
pequeña extensión en
Uganda
y Ruanda

1

2

3   4

Los gorilas establecen y refuerzan vínculos sociales acicalando o peinando con los dedos y los dientes el pelo del otro para quitar la mugre y los insectos.

Colo nació en el Zoológico de Columbus, Ohio, en 1956 y fue la primera gorila que nació en cautiverio. Murió a principios de 2017 a los 60 años de edad.

son demasiado pesados para trepar muchos de los árboles de su hábitat, solo se puede ver a los gorilas más pequeños balanceándose por los árboles en busca de alimento.

El gorila se sienta derecho cuando come y a veces hasta cruza las piernas como hacen los humanos. El gorila es herbívoro, lo que significa que obtiene toda su nutrición de las plantas. Su dieta consiste en diferentes plantas, frutas, flores y cortezas que varían según la región. Al comer estos alimentos, el gorila puede consumir insectos, pero no los busca activamente como fuente de alimento. Los gorilas adultos pueden comer hasta 60 libras (27 kg) de alimento al día.

El gorila rara vez bebe agua. Obtiene toda la humedad que necesita de su alimento. Sus alimentos favoritos incluyen el bambú, el apio silvestre y los cardos. Debido a que consumen una gran cantidad de materia vegetal todos los días, los gorilas han adoptado la eficiente técnica de apilar la comida para formar una especie de sándwich, que luego muerden y trituran con sus dientes afilados. Los investigadores también han observado gorilas arrancando la parte sabrosa de una planta o sacando el interior de una fruta y dejando los restos en una pila ordenada.

Para digerir toda esta comida, el gorila tiene un intestino delgado extra largo y grueso, lo que explica por qué el gorila tiene una barriga grande que se extiende más allá de su pecho. También tiene un **metabolismo** lento y, como la digestión toma energía, cuando el gorila no está comiendo, está durmiendo. Duerme entre 13 y

Para evitar tener garrapatas e insectos, los gorilas pasan muchas horas aseándose y acicalándose.

15 horas cada noche, dormita después del desayuno, toma unas dos horas de siesta después del almuerzo, construye un nido y luego se va a dormir después de cenar.

Aunque todos los gorilas comparten una apariencia y conductas similares, hay dos especies distintas de gorilas —el occidental y el oriental— que se dividen en cuatro subespecies. El gorila del río Cross (*Gorilla gorilla diehli*) y el gorila occidental de llanura (*Gorilla gorilla gorilla*) son subespecies del gorila occidental. El gorila oriental de llanura (*Gorilla beringei graueri*) y el gorila de montaña (*Gorilla beringei beringei*) son subespecies del gorila oriental.

Una pequeña cantidad de gorilas del río Cross vive en los bosques montañosos a lo largo de la frontera entre Nigeria y Camerún. El gorila occidental de llanura se encuentra en varias naciones de África Occidental y Central, incluyendo Camerún, Gabón y la República del Congo (del lado oeste del río Congo). Estas dos subespecies de gorilas son las más amenazadas de todos los simios africanos y aparecen en la Lista Roja de Especies Amenazadas que publica anualmente la Unión Internacional para la Conservación de la Naturaleza (IUCN, por sus siglas en inglés).

El gorila oriental de llanura, que se encuentra solo en los bosques del este de la República Democrática del Congo (del lado este del río Congo), tiene dientes más largos y la parte superior del cuerpo más grande que los dos tipos de gorilas occidentales; también tiene pelo más oscuro. El gorila de montaña, el primate más grande del mundo, vive en zonas fragmentadas de bosques de alta montaña en Uganda, Ruanda y la República Democrática del Congo. Este gorila tiene una apariencia única, con una cabeza más alta y más puntiaguda, y una brecha nasal más amplia que otros tipos de gorilas. Su pelo más largo y la grasa corporal adicional hacen a los gorilas de montaña adecuados para su hábitat, donde las temperaturas pueden descender más allá del punto de congelamiento.

Al igual que los humanos, los gorilas tienen huellas dactilares individuales; también tienen huellas nasales únicas que pueden usarse para identificar a los individuos.

En el siglo XIX, ilustraciones científicas como estas de G. H. Ford mostraban detalles de las manos, los pies y otras partes del cuerpo del gorila para su estudio.

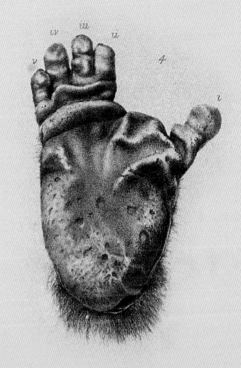

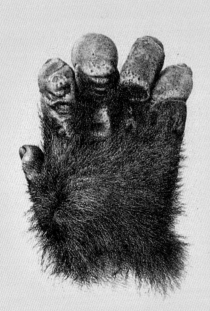

Vivir en paz

Los gorilas viven en grupos familiares, llamados tropas, de unos 5 a 30 miembros. Las tropas se organizan mediante un sistema de clasificación llamado jerarquía. El líder de la tropa es un lomo plateado maduro.

Las responsabilidades de un lomo plateado incluyen defender a la tropa de otros lomos plateados que pudieran querer apoderarse de ella, proteger a las crías y a los miembros débiles de depredadores como los leopardos, y mantener la paz al interior de la tropa. Los siguientes en la jerarquía son los lomos negros, que ayudan al lomo plateado a defender la tropa. Las hembras y las crías menores de siete años están debajo de los lomos negros, y las hembras sin crías tienen el estatus más bajo de la tropa.

Cada miembro de la tropa sabe cuál es su lugar y se producen muy pocos conflictos entre los miembros. Al igual que los humanos, los gorilas usan gestos faciales y corporales, además de vocalizaciones,

Los investigadores han observado que los gorilas no se comen toda la vegetación de los árboles y las plantas, y así permiten que estas fuentes de alimento crezcan continuamente.

para expresar significados, hacer peticiones y dar órdenes. Siempre que el lomo plateado ordena una acción, la tropa, confiando en el instinto de su líder, obedece sin dudar. El lomo plateado le comunica a su tropa cuándo deben comer, descansar, viajar y dormir. Cuando el lomo plateado voltea hacia una dirección en particular, abriendo ampliamente su boca para mostrar sus dientes afilados, le está diciendo a la tropa, «Síganme». Cuando el lomo plateado percibe una amenaza repentina, puede emitir un fuerte rugido agudo. Esta señal manda a la tropa a dispersarse y esconderse entre los árboles y la maleza.

Los gorilas usan una variedad de vocalizaciones. Ululan para comunicarse a través de largas distancias y así se ayudan a encontrarse mutuamente cuando se han separado de su tropa. El lomo plateado también puede ulular a los miembros de una tropa rival. Este sonido significa, «Aléjate de mi tropa». El ladrido interrogante es una serie de tres ladridos en un patrón de alto-bajo-alto. Expresa, «Te oigo, pero no te veo. ¿Dónde estás?». El rugido es un sonido que los gorilas hacen para decirles a otros que han encontrado una buena fuente de alimento. Los sonidos categorizados como vocalizaciones de eructo incluyen tararear, gemir y emitir gruñidos suaves. Estos sonidos indican que un gorila está tranquilo y contento.

Los machos jóvenes imitan a los adultos al golpear su pecho con manos abiertas ahuecadas para indicar emoción o agresión.

Las emociones como tristeza, alegría, miedo y confusión pueden interpretarse fácilmente observando la cara del gorila. Un gorila enojado aprieta los labios, baja las cejas y lanza una mirada feroz. También puede golpearse el pecho con una o dos manos abiertas y arrojar palos. Una boca abierta con cejas levantadas, lo que se llama una mueca, indica temor. Los gorilas pueden incluso sonreír para expresar alegría y se ríen cuando se hacen cosquillas mutuamente. El rostro juguetón del gorila, caracterizado por una boca totalmente abierta pero sin mostrar los dientes, se muestra cuando los gorilas solo están fingiendo ser agresivos los unos hacia los otros.

Los únicos depredadores con los que los gorilas se encuentran continuamente son los leopardos y los humanos. Los leopardos cazan a los gorilas enfermos, viejos y bebés. Estos grandes felinos suelen atacar a los gorilas cuando están durmiendo, porque durante el día un lomo plateado siempre está vigilante. Con un movimiento de su brazo, el lomo plateado puede romper la espalda del leopardo o aplastar sus costillas. Pero los gorilas no pueden contra las armas y las trampas de los humanos. Los humanos han cazado gorilas durante generaciones y, de hecho, han llevado a los gorilas al borde de la **extinción**.

Antes la gente creía que los gorilas eran animales feroces y peligrosos. Ahora se sabe que los gorilas son, por naturaleza, unas de las criaturas más tímidas y amables que existen sobre la Tierra. Un lomo plateado protege a su tropa amenazando; no peleando. A través de muestras de agresión como pararse y golpearse el pecho —una clara señal de alarma— y arrojarle varas y tierra al intruso, él muestra su capacidad para proteger a su tropa. Puede embestir al intruso, pero suele detenerse justo antes de pelear. Solo cuando la tropa se ve gravemente amenazada, el lomo blanco muerde al intruso o lo golpea con sus puños. Los gorilas no abandonan a sus compañeros heridos y defienden ferozmente a sus crías.

Los gorilas pueden vivir entre 30 y 50 años. Alcanzan la madurez entre los 10 y los 13 años. Las hembras empiezan a aparearse cuando tienen unos 10 años de edad y normalmente dan a luz una vez cada

Los gorilas tienen la misma cantidad de pelos por pulgada cuadrada (6,5 centímetros cuadrados) en su cuerpo que los humanos —solo que los pelos de los gorilas son más oscuros, más gruesos y más largos.

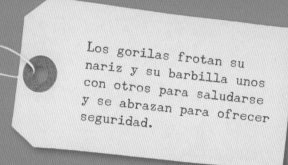

Los gorilas frotan su nariz y su barbilla unos con otros para saludarse y se abrazan para ofrecer seguridad.

3 o 4 años. A las hembras se les permite aparearse solo con el lomo plateado de su tropa. Cuando los lomos negros alcanzan la plena madurez y les empieza a salir pelo plateado, abandonan su tropa familiar y reúnen a su propia tropa de hembras no emparentadas con él. Los gorilas no se aparean entre hermanos ni entre gorilas no emparentados que hayan crecido juntos, pues los consideran sus hermanastros.

Los gorilas bebés se desarrollan dentro de su madre durante ocho meses y medio antes de nacer. Un gorila recién nacido pesa alrededor de 4,5 libras (2 kg). Al principio, la madre debe sostener al bebé contra su pecho para que pueda alimentarse de la leche que ella produce, pero pronto el bebé se fortalece lo suficiente como para sujetarse por sí mismo del pelo del pecho de su madre. Posteriormente, irá montado en su espalda mientras ella camina por el bosque. Hará esto durante su primer año de vida. Puede agarrarse del cabello de su madre con ambas manos y pies, incluso cuando está dormido. Durante este primer año, el bebé gorila se desarrolla rápidamente. Aproximadamente a las seis semanas de edad, le salen sus primeros dientes. Cuando cumple 10 semanas de vida, camina en cuatro patas y empieza a comer hojas y frutas. Dos meses después, puede trepar a los árboles, explorando sin miedo los alrededores y jugando con otros bebés gorilas. Sin embargo, jamás se alejará de su madre y seguirá lactando hasta que cumpla unos tres años de edad.

Los bebés gorilas desarrollan habilidades como gatear, caminar y levantar cosas dos veces más rápido que los bebés humanos.

Todos los miembros de la tropa —incluso el lomo plateado dominante— participan en la crianza de los bebés gorilas. Las hembras inmaduras aprenden a cargar y a acicalar a los bebés al ver a las hembras más experimentadas. Los adultos juegan con los bebés, columpiándolos tomados de los brazos y las piernas, y luchando suavemente con ellos, para ayudarlos a desarrollar sus músculos. Los bebés también juegan entre sí. Luchan y pelean jugando, se persiguen mutuamente arriba y abajo de los árboles y bajan las colinas dando volteretas. Esas actividades lúdicas ayudan a los jóvenes gorilas a hacerse fuertes, a aprender a llevarse bien con otros miembros de la tropa y a practicar cómo buscar comida.

Poder gorila

Siempre que los caminos del gorila y el humano se han cruzado, los humanos han tenido diferentes reacciones, desde miedo y odio, hasta respeto y admiración. En los hábitats de los gorilas africanos, mientras que algunas personas los consideran símbolo de fortaleza ilimitada, otros creen que son malvados.

En muchos lugares, persisten leyendas tradicionales sobre los gorilas. Los bantu de Uganda creen que incluso decir "gorila" en su idioma trae mala suerte. Pero en Ruanda, el gorila es el **tótem** respetado de los twa, que fueron los primeros habitantes de ese país, y está prohibido lastimar a los gorilas.

En el norte de Gabón, el pueblo fang talla pequeñas estatuas de madera, llamadas fetiches, de figuras humanas que presentan la cresta sagital del gorila lomo plateado, expresando su creencia en una conexión espiritual entre humanos y gorilas. Los bamileke, pueblo nativo de Camerún, tallan una máscara especial de madera con una cresta sagital de gorila y dientes que solo el jefe de la aldea puede usar. Los pobladores creen que la máscara le da al jefe el poder de los grandes simios.

Los gorilas pueden contraer ciertas enfermedades de las aguas contaminadas por los humanos.

Los gorilas también se volvieron parte de muchos rituales cotidianos de los africanos. Se creía que beber del cráneo de un gorila volvía a los niños varones fuertes y audaces. Se pensaba que frotar la espalda de una persona con las manos disecadas de un gorila transfería el poder del gorila al cuerpo de esa persona. Se llevaban puestos dientes de gorilas lomo plateado en collares para dar fortaleza al usuario. De acuerdo con un grupo del noroeste de Camerún, los Chamba, un nuevo jefe se **inicia** al comer cerebro de gorila. Este ritual aún se practica actualmente, pero como las poblaciones de gorilas en África permanecen bajas debido a la cacería continua y la pérdida de hábitat, pocas personas siguen incluyendo en sus rituales partes del cuerpo de los gorilas. No obstante, acaudalados coleccionistas de trofeos de todas partes del mundo pagan grandes sumas de dinero a los **cazadores furtivos** por la cabeza, las manos y los pies de los gorilas.

En Ghana, un país del oeste de África, muchas personas aún tallan en madera máscaras tradicionales de gorilas.

El gorila como símbolo de fuerza y poder se extiende más allá de las fronteras de África. Desde 1980, un disfraz de gorila llamado Go ha sido la mascota de los Phoenix Suns, de la Asociación Nacional de Básquetbol, en Phoenix, Arizona. A nivel universitario, la Universidad del Estado de Pittsburg, en Kansas, es la única escuela en Estados Unidos con un gorila como mascota. Desde los años 20, el gorila Gus ha ayudado a inspirar el espíritu escolar.

Debido a que algunas personas han considerado desde hace mucho tiempo a los gorilas como feroces y aterradores, no es de sorprender que los gorilas de ficción comúnmente hayan sido retratados bajo esta luz. El Gorila Grodd es un

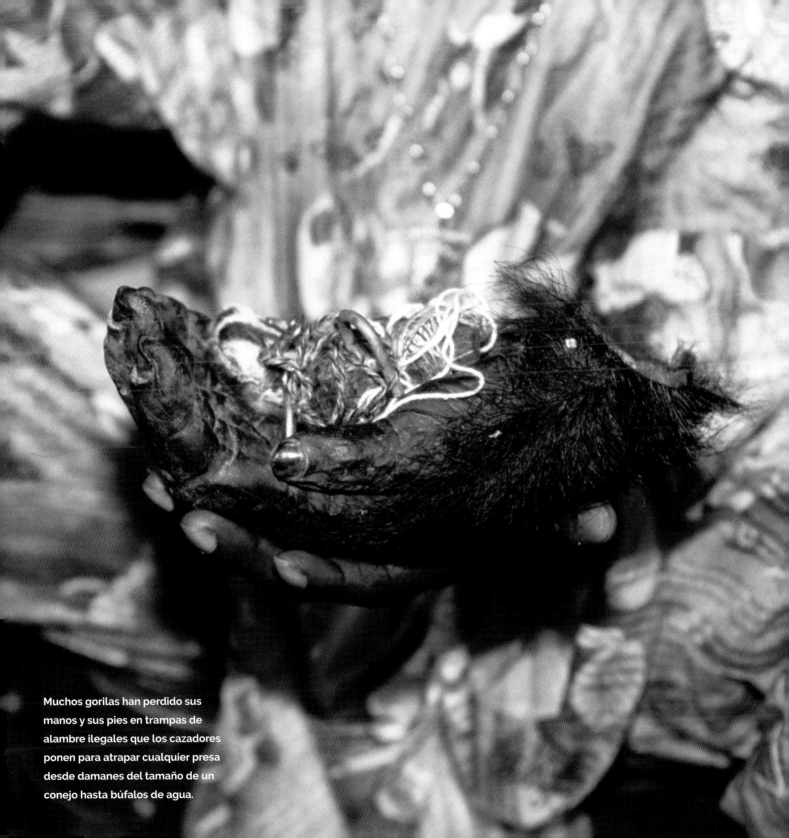

Muchos gorilas han perdido sus manos y sus pies en trampas de alambre ilegales que los cazadores ponen para atrapar cualquier presa desde damanes del tamaño de un conejo hasta búfalos de agua.

supervillano de cómics que, desde 1959, ha atormentado a héroes como Flash y los miembros de la Liga de la Justicia. En un episodio del popular programa infantil *Bob Esponja*, dos personajes fueron atacados por un gorila; y un gorila criminal llamado Silver les causó problemas a las Tortugas Ninja Adolescentes Mutantes, en el programa de TV de la década de 1990 llamado *Tortugas Ninja: La nueva mutación*. Por otra parte, el gorila animado Donkey Kong es un popular héroe de videojuego. Creado originalmente en 1981 en Japón, Donkey Kong pasó de tener un papel secundario en un simple juego de maquinitas a convertirse en un personaje completamente desarrollado en la versión de Game Boy de *Donkey Kong* de 1994 y en *Donkey Kong Country*, de Super Nintendo Entertainment Systems.

En 1963, el novelista francés Pierre Boulle le presentó al mundo *El planeta de los simios*, una historia de ciencia ficción que se desarrolla cientos de años en el futuro, cuando un astronauta descubre simios —chimpancés, orangutanes y gorilas— que caminan y hablan gobernando un planeta distante y manteniendo a los humanos como esclavos y mascotas. Este libro generó cinco películas taquilleras de 1968 a 1973, dos series de televisión que estuvieron al aire de 1974 a 1976, y muchos otros libros, cómics y videojuegos. Más recientemente, en 2011, se revivió la serie de películas con el lanzamiento de *El origen del planeta de los simios*, la primera película de una trilogía que continuó en 2014 y 2017.

En 1914, se publicó el libro del autor estadounidense Edgar Rice Burroughs, *Tarzán de los monos*, que presentó a los lectores a un huérfano llamado Tarzán que fue criado por una tropa de grandes simios. A lo largo de los años se han producido muchas películas, libros, cómics y programas de televisión que presentan la complicada relación de Tarzán con su familia de monos y la sociedad humana. En 1999, Walt Disney Pictures lanzó una película animada, *Tarzán*, con los adorables personajes gorilas Kala y Terk.

En *Tarzán*, de Walt Disney Pictures, el niño de la jungla aprende lecciones de vida de una cariñosa familia de gorilas.

Ciertamente, uno de los gorilas de ficción más famosos es King Kong, que fue creado por el cineasta estadounidense Merian C. Cooper y apareció por primera vez en una película en 1933. Con 50 pies (15 m) de altura, Kong vive con dinosaurios en la remota Isla Calavera, en el Océano Índico, y es capturado por cineastas que lo llevan a la ciudad de Nueva York para exhibirlo. Pero Kong se escapa y trepa por el edificio Empire State, llevando consigo a una hermosa mujer a la que ama. En la vida real, Kong era una marioneta miniatura que medía tan solo 18 pulgadas (46 cm) de alto. Los efectos especiales de esta película fueron extraordinarios para su época.

A *King Kong* le siguieron muchas secuelas a lo largo de décadas y hubo una segunda versión en 2005 del director neocelandés Peter Jackson. El entendimiento científico de la inteligencia de los gorilas y una mayor atención a sus verdaderas características físicas produjo un cambio en la manera de retratar a King Kong. El Kong de Jackson, animado digitalmente, se presentó como una criatura expresiva, emotiva e inteligente. Por su retrato realista del gorila —que según esta versión mide solo 24 pies de altura (7,3 m)—, la Isla Calavera y la ciudad de Nueva York en la década de 1930, la película de Jackson ganó Premios de la Academia por efectos visuales, edición de sonido y mezcla de sonido.

Otra creación de la imaginación de Merian C. Cooper fue el personaje Joe el gran gorila. Este gorila comenzó su embestida en Hollywood en 1949. En 1998, Walt Disney Pictures hizo una segunda versión de esta película, dándole a Joe una personalidad mucho más parecida a la de un gorila verdadero: tímido, pero curioso y muy inteligente. Estas son las principales características de los gorilas expresadas en la película de 1988, *Gorilas en la niebla*. Esta película se basa en el libro de 1983 de Dian Fossey, una **zoóloga** que vivió con los gorilas de montaña en las selvas tropicales de Ruanda, estudiándolos y compartiendo sus sorprendentes hallazgos con el mundo.

El simio, el mono y el babuino

El simio, el mono y el babuino se reunieron
Y en la calle Friday su ayuno rompieron.
Dos de ellos juraron solemnemente ese día
Que en sus tres naturalezas había una simpatía.

Nah, dijo el babuino,
Yo niego esa raza:
Yo tengo más malicia en mi
que ustedes dos en esta casa.

Bueno, dijo el simio, yo tengo un caballo cuando quiero,
En Paris Garden para montar el día entero
Y mis trucos mostrar. Ash, dijo el mono,
Mejores trucos hay en las casas de los grandes hombres.

Ash, dijo el babuino,
cuando los hombres sepan que vengo,
Por deporte, de la ciudad al campo
se irán corriendo.

— de Thomas Weelkes (1576–1623);
traducción de Gabriela Lozano

Cuento de animales: Por qué los gorilas no hacen nada en todo el día

El río Congo, el segundo más caudaloso del mundo, fluye a lo largo de la frontera oriental de la República Democrática del Congo. Este río, y los gorilas que alguna vez hicieron de este valle su hogar, destacan de forma prominente en este cuento de la región.

Una temporada de lluvias en un pasado muy lejano, el poderoso río Congo se desbordó, inundando el valle y amenazando con ahogar a todos los habitantes del bosque. Los animales corrieron rápidamente hacia las colinas, huyendo de la inundación para llegar a tierras más elevadas, pero muchos de ellos eran demasiado pequeños, demasiado viejos o demasiado débiles. Necesitaban ayuda.

Los gorilas, al ser criaturas compasivas y fuertes, se quedaron atrás para ayudar a aquellos que no podían hacer la travesía por sí mismos. Los gorilas treparon a los árboles con sus desafortunados vecinos animales en sus lomos y los llevaron a un lugar seguro. Luego regresaron al río para buscar a alguno que pudiera haberse quedado atrás.

Al mirar hacia abajo, a las desbordadas aguas que corrían, los gorilas vieron a los peces aleteando con sus colas y saltando fuera del agua. Uno de los gorilas le gritó a otro, «¡Mira! ¡Los peces se están ahogando! ¡Mira cómo luchan en el agua!»

«Sí», dijo otro gorila. «No tienen patas para correr hacia las colinas. ¡Deberíamos salvarlos!» Entonces, los gorilas se columpiaron de rama en rama hacia el río. Saltaron al agua y nadaron contra la fuerte corriente. A su alrededor, los peces aleteaban y saltaban, y los gorilas se acercaron y agarraron tantos peces como pudieron. Después, treparon nuevamente en los árboles y llevaron a los peces a las colinas elevadas, donde dejaron a los peces en tierra firme.

Esto se repitió durante toda la noche. Los gorilas sacaban los peces del río y los llevaban a las colinas. Finalmente, los gorilas, exhaustos, empapados y temblando, colapsaron en la colina junto a una enorme pila de peces. A la mañana siguiente, cuando el sol comenzaba a asomarse por entre las copas de los árboles, los gorilas se despertaron y encontraron a todos los demás animales parados alrededor de la pila de peces. «¿Qué han hecho?» exclamó un hipopótamo.

«Los peces nos daban tanta lástima», dijo uno de los gorilas, «que tuvimos que salvarlos de ahogarse». Los gorilas se reunieron alrededor de la pila de peces, esperando a que despertaran y les agradecieran. Pero los peces no se movieron

y algunas moscas empezaron a zumbar alrededor de ellos.

«Los peces no se ahogan en el río», les explicó el hipopótamo a los gorilas. «Necesitan el agua para respirar. En tierra firme se mueren».

«Ay, no», dijo un gorila. «En verdad, ¿qué hemos hecho?» Todos los animales empezaron a sacudir la cabeza y a hacerles sonidos de desaprobación a los gorilas. «Lo sentimos mucho», dijo otro gorila. «¿Qué debemos hacer?»

«No deben hacer nada», dijo el hipopótamo, «¡Nunca más!» Todos los animales estuvieron de acuerdo. «Nada», dijo el leopardo desde lo alto de una roca. «Nada en absoluto», dijo el **charrancito de Damara** desde lo alto de una rama. Los gorilas se entristecieron por su error. «Como quieran», le dijeron a sus vecinos animales. «No haremos nada».

Y es por esta razón que los gorilas no trepan a los árboles ni se columpian de rama en rama. No nadan en el río. Y no atrapan peces. Los gorilas no hacen nada en todo el día, más que mascar hojas y descansar bajo la sombra de árboles altos.

Aprender de los gorilas

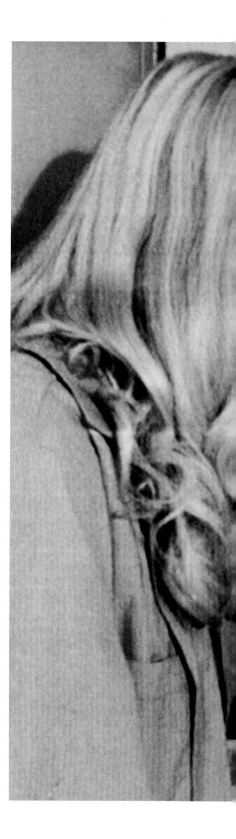

Los humanos no **evolucionaron** de los simios, pero muchos científicos creen que los gorilas, los chimpancés y los humanos provinieron de un ancestro común que existió en África y el sur de Asia hace unos 15 millones de años.

Los ancestros de los gorilas **divergieron** de la línea ancestral que compartían con los chimpancés y los humanos hace alrededor de 12 millones de años, mientras que los chimpancés no se separaron de los humanos sino hasta hace 5 a 8 millones de años. En 2007, un grupo de **paleoantropólogos** japoneses y etíopes encontró en Etiopía los fósiles de gorila más antiguos: los dientes de una especie de 10 mil años de antigüedad llamada *Chororapithecus abyssinicus*. En China, se encontraron los restos fósiles del *Gigantopithecus*, un ancestro del gorila que vivió hace aproximadamente un millón de años. Esta criatura era mucho más grande que los gorilas actuales.

Nacida en cautiverio en 1971, la gorila Koko aprendió a entender más de 2.000 palabras habladas en inglés durante su vida.

A diferencia de otros primates, el cráneo del gorila tiene crestas prominentes y bordes óseos, fácilmente visibles en los fósiles.

Según los relatos de los exploradores e investigadores de principios del siglo XX, en alguna época los gorilas abundaban en toda África central. Sin embargo, en los últimos 60 años, las poblaciones de gorilas han disminuido gravemente. La mayor culpable es la cacería para apoyar el comercio de **carne de monte**, ya que las naciones donde viven los gorilas son pobres y mucha gente está desesperada por conseguir alimento. Capturar primates bebés para el tráfico ilegal de mascotas es otro problema y la **deforestación** del hábitat de selva tropical para convertirla en tierra cultivable afecta a muchos grupos de primates, provocando su desaparición. De las 504 especies de primates en el mundo, alrededor del 60 por ciento se acerca a la extinción y el 75 por ciento tiene disminución de poblaciones. Los investigadores predicen que si la caza, la captura y el **desplazamiento** de simios y monos no se detiene, estas especies —entre ellas, tal vez, los gorilas— estarán extintas para el año 2045.

Las investigaciones actuales sugieren que hasta 100.000 gorilas occidentales de llanura y 2.600 gorilas orientales de llanura sobreviven actualmente en estado silvestre. La mayoría de los gorilas en cautiverio son gorilas occidentales de llanura. Solo alrededor de 1.000 gorilas de montaña y entre 250 y 300 gorilas del río Cross aún existen —todos en estado sivestre.

En los años 50 se iniciaron proyectos importantes de investigación de los gorilas. El biólogo germanoamericano George Schaller fue el primero en estudiar a los gorilas en su hábitat nativo. En 1959, Schaller viajó a África y vivió con los gorilas en la selva tropical alrededor de los volcanes Virunga. En 1963, publicó un libro sobre gorilas de montaña que cambió por completo la visión que el público tenía de los gorilas y animó a otros investigadores a seguir sus pasos.

En 1967, Dian Fossey hizo precisamente eso. Fundó el Centro de Investigación Karisoke en Ruanda, donde vivió con los gorilas de montaña durante 18 años y, con el tiempo, la trataban casi como un miembro de su tropa. La tocaban, la dejaban jugar con sus crías y tomaban siestas a su lado.

Más de la mitad de todos los gorilas que viven en zoológicos nacieron en cautiverio, pero muchos otros fueron salvados de los cazadores furtivos.

Su gorila favorito se llamaba Digit y ella lo vio crecer desde bebé hasta adulto. Cuando en 1978 los cazadores furtivos mataron a Digit, Fossey quedó devastada.

Fossey le contó la historia de Digit a la revista *National Geographic* y la gente respondió enviándole dinero a Fossey para ayudar a los gorilas. Este financiamiento le permitió establecer el Fondo Digit y enfrentarse a los cazadores furtivos en Ruanda, dándoles armas de fuego a los guardabosques y ordenándoles disparar contra los cazadores furtivos. En 1985, Fossey fue asesinada, posiblemente por alguien que quería detener su labor contra la caza furtiva. Pero su muerte solo motivó a la gente de todas partes del mundo a crear y financiar más programas de investigación y conservación de los gorilas.

En 1992, la división de EE. UU. del Fondo Digit cambió de nombre a Dian Fossey Gorilla Fund International. Entre sus muchos proyectos, esta organización apoya al Centro de Investigación Karisoke de Fossey, que tiene su sede principal en Musanze, Ruanda, cerca del Parque Nacional de los Volcanes. Este centro da empleo a numerosos científicos e investigadores, así como a más de 100 rastreadores de gorilas y guardabosques armados. Los rastreadores y los guardabosques patrullan el parque en busca de cazadores furtivos y destruyen las trampas mortales que algunos colocan para atrapar gorilas y otros animales, como los leopardos y los antílopes, a quienes matan por su piel y su carne. Los científicos de Karisoke estudian la salud, el hábitat, los comportamientos sociales, los cambios en las poblaciones y la **genética** de los gorilas.

Los gobiernos nacionales africanos han establecido varias áreas protegidas para los gorilas, pero las actividades humanas suelen confinar a los gorilas a áreas muy pequeñas

o suelen hacer que los gorilas no quieran entrar en ciertos lugares en absoluto. Los gorilas están protegidos legalmente en el Parque Nacional de Gorilas Mgahinga, en Uganda; el Parque Nacional Virunga, en la República Democrática del Congo; y en el Parque Nacional de los Volcanes, en Ruanda. Partes de estos tres parques constituyen el Área de Conservación Virunga, un refugio para gorilas de montaña que incluye 168 millas cuadradas (435 kilómetros cuadrados) de tierra. Los esfuerzos agresivos de conservación en esta área han tenido éxito: la población de gorilas de montaña ya no está al borde de la extinción. Un relevamiento en 2018 mostró un aumento en la cantidad de gorilas en las montañas Virunga, de 480 a 604 en un período de cinco años. La UICN mejoró el estado de esta subespecie de gravemente amenazada a amenazada, pero los investigadores advierten que la pequeña población total sigue estando vulnerable a las enfermedades y a la destrucción de su hábitat.

La gorila Koko tenía un vocabulario de más de 1.000 señas e incluso creó sus propias palabras, como «pulsera de dedo» para referirse al «anillo».

Un tipo de investigación importante sobre los gorilas que lleva adelante la Gorilla Foundation incluye la comunicación y el lenguaje. La Gorilla Foundation fue formada en 1976 por los estadounidenses Penny Patterson, profesora de psicología, y Ron Cohn, biólogo, quienes criaron a una gorila llamada Koko desde la infancia, y le enseñaron a comunicarse usando el lenguaje de señas estadounidense. Esta investigación sobre comunicación entre especies aún continúa y se llama Proyecto Koko. Koko formó parte de la familia de Patterson y Cohn hasta el final, cuando murió en 2018, a los 46 años, de causas naturales.

Koko era famosa en todo el mundo, al igual que su pareja, Michael, que también se comunicaba con lenguaje de señas. En su libro de 1987, *El gato de Koko*, Patterson cuenta la historia de la relación especial que Koko tenía con

Los gorilas de montaña están tan aislados que la ciencia no supo de esta especie sino hasta 1902.

su mascota, un gatito al que ella llamó «All Ball» (toda bola), porque no tenía cola. Con base en el éxito que vivió con Koko y Michael, la Gorilla Foundation ha seguido recaudando fondos para investigación, educación y esfuerzos de conservación. También ha financiado y construido la Maui Ape Preserve, en Hawaii, el primer santuario para gorilas fuera de África.

Lejos de las selvas tropicales africanas, en Chicago, Illinois, el Zoológico Lincoln Park está llevando a cabo investigaciones pioneras en torno a la cognición de chimpancés y de gorilas, usando computadoras con pantallas táctiles. A los gorilas se les enseña a tocar números en secuencias específicas para obtener bocadillos de premio. Una gorila llamada Rollie participa en los experimentos incluso sin recibir recompensa. La investigación realizada por el Centro Lester E. Fisher para el Estudio y la Conservación de los Simios está dirigida a examinar el intelecto y el lenguaje de los primates para entender mejor cómo se desarrollan esas habilidades.

A pesar del aprecio que muchas personas sienten por los gorilas y de sus contribuciones valiosas a la investigación científica y del comportamiento, estos animales están peligrosamente cerca de la extinción. Luchan en contra de los efectos de las enfermedades y la influencia humana por la caza furtiva, las guerras civiles y la pobreza. Son fundamentales los esfuerzos de conservación a gran escala para salvar a estos increíbles animales a fin de que las futuras generaciones puedan aprender de ellos y admirarlos.

Glosario

ADN – ácido desoxirribonucleico; una sustancia que se encuentra en todos los seres vivos que determina la especie y las características individuales de ese ser.

carne de monte – la carne de animales salvajes a los que matan para comerlos o para venderlos en zonas tropicales del mundo como Asia y África.

cazador furtivo – persona que caza especies protegidas de animales salvajes, incluso cuando eso vaya en contra de la ley.

charrancito de Damara – ave negra con patas palmeadas y pico corto que vive a lo largo de las costas africanas y se alimenta de pequeños peces.

cognición – el proceso mental de lograr entendimiento a través de la experiencia, el pensamiento y los sentidos.

deforestación – talar los árboles de un bosque.

desplazamiento – estar forzado a abandonar el propio hogar por destrucción o desastres.

destreza – habilidad o agilidad para usar las manos o el cuerpo para realizar tareas.

divergir – desarrollarse en una dirección diferente.

evolucionar – desarrollarse gradualmente hasta adoptar una forma nueva.

extinción – el acto o proceso de extinguirse; acabarse o desaparecer.

genética – relacionado con los genes, las unidades físicas básicas de la herencia.

iniciar – admitir en un grupo a través de una ceremonia o ritual formal.

metabolismo – los procesos que mantienen vivo a un cuerpo, incluyendo usar los alimentos para obtener energía.

paleoantropólogo – persona que estudia ancestros extintos de los humanos.

primate – mamífero con un cerebro grande y manos prensiles; los lemures, los monos, los simios y los humanos son primates.

torso – el tronco del cuerpo (sin incluir la cabeza, los brazos ni las piernas).

tótem – un objeto, animal o planta respetado como símbolo de un grupo y a menudo usado en ceremonias y rituales.

zoólogo – persona que estudia los animales y sus vidas.

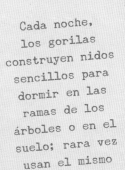

Cada noche, los gorilas construyen nidos sencillos para dormir en las ramas de los árboles o en el suelo; rara vez usan el mismo nido dos veces.

Bibliografía seleccionada

Caldecott, Julian, and Lera Miles, eds. *World Atlas of Great Apes and Their Conservation.* Berkeley, Calif.: University of California Press, 2005.

Dian Fossey Gorilla Fund International. "Homepage." https://gorillafund.org/.

The Gorilla Foundation. "Homepage." http://www.koko.org.

Hanson, Thor. *The Impenetrable Forest: My Gorilla Years in Uganda.* Warwick, N.Y.: 1500 Books, 2008.

Robbins, Martha M., Pascale Sicotte, and Kelly J. Stewart, eds. *Mountain Gorillas: Three Decades of Research at Karisoke.* Cambridge, U.K.; New York, N.Y.: Cambridge University Press, 2005.

Weber, Bill, and Amy Vedder. *In the Kingdom of Gorillas: Fragile Species in a Dangerous Land.* New York, N.Y.: Simon & Schuster, 2001.

Índice alfabético